© 1994 Verlag J. F. Schreiber, Postfach 285, 73703 Esslingen
Österreichischer Bundesverlag Wien
Alle Rechte vorbehalten. 1 2 3 4 5 (14280)
ISBN 3-215-11197-7

Okino
und die Wale

Erzählt von Arnica Esterl
Mit Bildern von Marek Zawadzki

Esslinger

„Die Wale kommen! Siehst du sie blasen? Dort hinten am Horizont. Die Wale kommen wieder. Ach, wie schön!"

Okino saß auf einem flachen Stein und blickte über das weite Meer. Tag für Tag hatte sie gewartet und Ausschau nach ihren schwarzen Freunden gehalten. Jeden Winter schlossen sich die Walfamilien im Eismeer zu großen Schulen zusammen und schwammen an der Küste entlang nach Süden. Hier, in einer Bucht des Ozeans, im seichteren und wärmeren Wasser, hielten sie sich gerne auf. Hier jagten, umspielten und paarten sich die großen Wale; ein Jahr später wurden dann die Jungen geboren. Es war, als erwache das Meer selber zu neuem Leben.

Neben Okino kauerte Takumi, ihr kleiner Sohn. Sie hatte ihn dieses Jahr zum ersten Mal mitgenommen, als sie sich auf den Stein setzte. Takumi war jetzt fünf Jahre alt und hatte gelernt, stundenlang auf den Fersen zu hocken und mit seinen schwarzen Augen über das Wasser zu schauen. Aber einen Wal hatte er noch nie gesehen.

„Siehst du? Dort bläst ein Wal", sagte Okino. Takumi strengte seine Augen an, und ja, jetzt war es, als ob er in der Dünung des Meeres verschiedene Farben unterscheiden konnte, einzelne Wellen, die sich zu beweglichen, schwarzen Leibern verdichteten. Plötzlich tauchte ein Wal auf und glitt in einem Bogen in das Wasser zurück. Takumi jauchzte vor Freude.

„Ich habe seinen weißen Bauch gesehen", rief er. „Kann ich nicht auch so gut schwimmen lernen?"
„Wir können nicht so gut schwimmen wie die Wale und nicht so gut fliegen wie die Vögel", antwortete Okino. „Die Wale sind unsere schwimmenden Brüder, und die Möwen sind unsere fliegenden Schwestern. Soll ich dir die Geschichte von dem Mädchen erzählen, das tief unten im Meer in den königlichen Palast der Wale geraten war? Magst du zuhören?"
„Oh ja!" Takumi rückte näher an Okino heran. Sie legte ihren Arm um seine schmalen Schultern und erzählte:

„Es geschah vor langer Zeit, damals, als unsere Urahne noch ein kleines Mädchen war. Vielleicht war sie gerade so alt, wie du jetzt bist. Jeden Tag ging das Mädchen mit seiner Mutter ans Meer. Die Mutter wusch für andere Menschen die großen, bunten Tücher der Kimonos. Und das Mädchen spielte den ganzen Tag mit Muscheln, Wasserpflanzen und kleinen Krebsen.

Einmal aber, als die Mutter die Tücher getrocknet hatte und nach Hause tragen wollte, war das Mädchen verschwunden. Sie suchte es am ganzen Ufer, zwischen den Felsen und in den kleinen Tümpeln. Sie rief seinen Namen, aber das Töchterchen antwortete nicht. Sie fragte die Seeschwalben, die Gräser und die kleinen Fische, aber keins hatte das Mädchen gesehen.

Schließlich setzte die Mutter sich ganz müde und traurig auf einen flachen Stein und schaute über das Meer. War ihr Mädchen in diesem Wasser ertrunken? Nach Hause gehen wollte sie nicht mehr.

Da flog eine Möwe heran und rief mit ihrer kreischenden Stimme:
,Tief unten im Meer,
im kristallenen Saal,
sah ich dein Kind
beim großen Wal.'
Die Mutter streckte voller Sehnsucht die Arme aus:
,Sag mir, Möwe, die du den ganzen Tag über dem Wasser schwebst, sag mir, kann ich es finden, kann ich es sehen?'
Die Möwe schoß hinunter, pickte einen Fisch aus dem Wasser und schrie:
,Nur immer vorwärts
mußt du gehen.
Höre nie auf zu hoffen,
bleibe nicht stehen!'
Die Mutter weinte:
,Werden die Wellen mich denn nicht verschlingen?'
Die Möwe wollte schon davonfliegen. Noch einmal kehrte sie um und rief, nun aber viel leiser:
,Trägst du ein Licht
in deiner Hand,
leuchtet es dir
ins andere Land.'
Da faßte sich die Mutter ein Herz. Sie holte eine mit Öl gefüllte Ampel, zündete sie an und stieg mitten in die Wellen hinein.
Zu ihrem Erstaunen sah sie, wie das Licht ruhig weiterbrannte.

Sie ging viele Stunden, bis sie den königlichen Palast der Wale erreichte. Die Möwe hatte wahr gesprochen. Sie trat in eine kristallene Halle, die mit glänzendem Perlmutt, farbigen Fischflossen und den schönsten Korallen geschmückt war und von geschliffenen goldenen Bernsteintropfen beleuchtet wurde. Durch eine dünne Wand sah sie, wie in einem anderen Raum Kinder sich an der Hand hielten und einen fröhlichen Reigen tanzten. Ihr Töchterchen war auch dabei und lachte und hatte Bäckchen wie reife, rote Äpfelchen.

Lange schaute die Mutter zu. Da hörte sie eine tieftönende, singende Stimme:
‚Wie bist du hierhergekommen, und was willst du?'

Sie wandte sich um und stand der großen Iwa gegenüber, der Mutter des Meeres. Sie sah einen glitzernden Vorhang aus gewaltigen Hornplatten, den Barten der Wale, die vor einer Mundöffnung hingen, aus der die Stimme zu ihr drang. Dahinter lag eine mächtige graue Gestalt. Auf ihrem Rücken schillerten unzählige Muscheln und Schnecken. Seeanemonen bewegten wie Tänzerinnen ihre langen Arme. Mutig streckte die Mutter ihre Hand aus. Die kleine Flamme in der Ampel brannte reglos.

‚Das Licht hat mich geführt. Ich suche mein Kind! Ach bitte, große Mutter, gebt mir mein Kind wieder. Laßt mich in den Saal eintreten!'
‚Diesen Saal kannst du nicht betreten', klang die tiefe Stimme wieder, ‚nicht, solange du die Luft der Menschen atmest. Nur durch die gläserne Wand darfst du deine Tochter sehen. Aber weil du den Mut hattest, hierher zu kommen, will ich dir eine Aufgabe stellen. Kannst du sie erfüllen, so wirst du dein Kind aus dem Saal erlösen und mit nach Hause nehmen können.'

Die graue Gestalt bewegte sich langsam auf die Mutter zu und legte sich wie eine riesige Welle, die in der Brandung gebrochen wird, vor sie hin. Die Haut schimmerte in vielen Farben, aber sie war kalt und nackt.

Wieder sang die Stimme:
‚Du hast ein Licht in mein Haus getragen. Mich friert. Webe nun aus deinen eigenen Haaren für mich einen Mantel, der mich wärmen kann, dann will ich dir dein Kind wiedergeben. Hier ist eine Salbe aus Öl und Amber, sie wird dein Haar in kurzer Zeit nachwachsen lassen.'

Da schnitt die Mutter ihre langen, schwarzen Haare ab und fing an, zu weben und zu wirken. Tag und Nacht arbeitete sie, während neben ihr das Licht still weiterbrannte.
Die Muscheln auf dem Rücken der Iwa öffneten und schlossen sich, kleine Bläschen stiegen daraus auf. Die Anemonen tanzten ihren geheimnisvollen Tanz, die Mutter schaute zu und hätte darüber fast ihre Arbeit vergessen.
Es verging eine lange Zeit.

Als sie ihr Haar ganz verwebt hatte, war der Mantel erst zur Hälfte fertig. Sie zeigte ihn der Mutter des Meeres, aber die ließ sich nicht überreden:
‚Ich muß den ganzen Mantel haben.'

Nun rieb die Mutter ihren Kopf mit der Salbe ein und wartete, wartete, bis die Haare nachgewachsen waren. Dann webte sie weiter. Endlich war der Mantel fertig. Froh trug sie ihn zur großen Iwa. Diese öffnete die Tür zum gläsernen Saal und führte das Mädchen, das zu einer jungen Frau herangewachsen war, heraus. Überglücklich schloß die Mutter ihre Tochter in die Arme. Dann befahl die Walmutter zwei Delphinen, Mutter und Tochter wieder ans Ufer zu tragen.

So kamen sie nach Hause. Jedes Jahr aber, wenn die kleinen Wale und die tanzenden Delphine sich im Wasser tummelten und sie besuchten, setzte sich unsere Urahne auf einen flachen Stein und schaute ihnen zu. Und dann erzählte sie ihren Kindern von den Erlebnissen im Palast der großen Iwa, der Mutter des Meeres. In der Hand hielt sie dabei eine kleine brennende Ampel."

Okino sah nach ihrem Sohn. Takumi war an ihrer Seite fest eingeschlafen. Lächelnd hielt Okino ihn in ihrem Arm. Versonnen schaute sie auf die spielenden Wale und wartete auf Takumis Rückkehr aus dem Traumreich der großen Iwa.